달보드레하고
갈갈하고 짭짤하고

작가마을 시인선 57

달보드레하고 칼칼하고 짭짤하고

초판인쇄 | 2022년 12월 20일
초판발행 | 2022년 12월 24일

지 은 이 | 정은하
펴 낸 이 | 배재경
펴 낸 곳 | 도서출판 작가마을
등 록 | 제 2002-000012호
주 소 | 부산광역시 중구 대청로 141번길 15-1 대륙빌딩 301호
서울시 도봉구 도당로 82(방학1동, 방학사진관 3층)
T. 051)248-4145, 2598 F. 051)248-0723 E. seepoet@hanmail.net

ISBN 979-11-5606-210-3 03810 정가 10,000원

※ 본 도서는 2022년 부산광역시,부산문화재단 '부산문화예술지원사업'으로 지원을 받았습니다.

달보드레하고 칼칼하고 찝찔하고

정은하 시집

시인의 말

시인으로 등단하기 전 먼저 시 낭송을 만났다.

중 · 고교 시절 교과서에 나오는 시는 모조리 암송하도록 회초리로 다스리던 국어 선생님이 계셨는데 '홍진기' 시조 시인이시다. 그분이 계셨기에 시 낭송을 즐기며 살고 있다.

시의 생명인 리듬을 살려 청자와 공감할 수 있는 최선의 낭송법은 무엇일까? 아직도 고민 중이다.

"시인은 시집이 있어야 시인이다."라고 따뜻한 마음으로 채근해 주시고 부족한 제 시집의 평론을 흔쾌히 허락해 주신 마음 잊지 않을 것이다.

『달보드레하고 칼칼하고 짭짤하고』, 『휴머노이드가 오고 있다』 두 권의 시집이 세상에 나오기까지 여기저기 던져 놓았던 눅눅한 시를 놀랍게도 컴퓨터에 저장해 놓은 사랑하는 딸, 지켜봐 주고 격려해 준 문우들과 가족들에게 '사랑한다'는 말을 전하고 싶다.

2022. 12.

정은하

차례 — 정은하 시집

2부

차례 — 정은하 시집

작가마을 시인선 

3부

4부

달보드레하고
칼칼하고 짭짤하고

정은하

제1부

망양로 533

수미산을 오르듯
108계단 오르면
저절로 기도가 되는 곳

원효대사의 화쟁 사상
사명대사의 발자취가
숨 쉬는 구계산 금수사

그곳
스님의 손발에서
피어나는 수많은 꽃
화엄의 세계가 여기인가

하늬바람에 밀려온 가을
국화 향기 노랗게 흩뿌려진
호국사찰

상원사에 버리고 오다

은하계도
잠들지 못한 한밤
금강연 물소리만 용맹정진 중

오대산 우통수에 씻기고 또 씻겨
뼛속까지 찾아온 청량한 바람

마음
달아나지 못하도록
옷깃 여미는 법의 향기

기도의 새

별이 하나둘 눈 감는 새벽
가릉빈가*의 등을 타고 앉은
산의 정수리

오래전
황도를 찾아 날아가던
붉은 바람도 잠시
참선하는 곳

탁탁 타르르 탁
발걸음에 맞춰 우주를 쪼고 있는
목탁새 한 마리

꿈이 깨기 전
신발 가지런히 벗어놓고
동안거에 든 운문산 사리암

* 불경에 나오는 상상의 새

전족한 발의 크기로 가 닿은

일 년에 한번
부처님께 가는 초파일

나서기 전 서른 날
조심하고 또 조심하는
부정한 음식과 언행

좀도리로 모은 공양미
머리에 이고 집 나서면
반지르르한 매무새도 잠깐

희부연 새벽이 올 때까지
두 손에 익은 염불
내 눈 속에
잉걸불로 타고 있다

내원사 풍경

시간의 고삐를 조여 맨
가을의 적요
겨울을 준비하는
분주한 벌만 붕붕거린다

영혼의 뜨거움도
그물에 걸리지 않는
바람처럼 풀어놓고
정진하는 저 눈빛
날 세운 칼날이다

산빛마저 묵언하는 계절
흔들리는 풍경소리
맑아서 슬프다

그믐날은 어두웠다

한 치 벼랑 두려움 없이
점자를 읽어내는 맹인처럼
어둠 만지며 오른다

가사는 세월에 곰삭아 이끼가 되고
구름 한 조각 머리에 이고 앉은
팔공산보다 더 높이 솟은 갓바위 부처님

이마에 맺힌 방울 방울 번뇌를 씻고
백팔염주 굴리다 올려다본 부처님

오냐오냐 하시며
토닥여 주는 손길

수종사, 그 상처

굳게 닫힌 마음의 문 열려
지천명의 왕을 받아들인
임인년 칠월 십삼일에 올린 귀밑머리

곳곳에 숨은 여를 건너
조선왕조 난바다 건널 때
만나기 어려운 고요함

서소문으로 떠난 어린 아들
따라나서지 못한 통곡이
떠도는 구천

참과 거짓의 술래잡기에
수차례 묶인 마음 안고 오른
운길산 수종사 응진전

해탈문 나서는 인목대비의
흔들리는 그림자

젖고 또 젖어

초겨울
어스름 속 지워지는 천보산

군데군데 정물로 박힌 석축
천년을 지켜온 갑옷 입은 소나무
눈 부릅뜬 사천왕이 부산하다

곳곳에 어린
지공과 나옹 선사
무학 대사의 법향을 풀어 놓은
회암사지

혜각 존자*

유교의 나라 조선
사대문 안 좀, 득실거려도
땅 디딜 곳 없는 붓다의 말씀

그때
눈 밝은 백성의 아버지
儒者들과 맞서 뿌린 한글 씨앗

함허 대사의 법맥 이어오다
세종과 뜻을 합한 신미대사
신비스런 자모 스물여덟 자

선왕의 어명 받들어
법호를 내린 문종

'선교종 도총섭 밀전 정법 비지쌍운
우국이세 원융무애 혜각존자'

* 1405?~1480?. 조선 전기 승려이다.

어람관음불상의 하루
– 전남 곡성 관음사

백제 여인 성덕 보살
성덕산 자락 아래
원력으로 세운 관음사

옛 자취 오간 데 없고
관음경만 낡고 있는
어람관음 불상

'건너니 다리요 머무르니 누각이라'
금랑교 아래 덧없이 시간은 흐르고

일 년을 한 달처럼
한 달을 하루처럼
하루를 한순간처럼
기다리는 심청이

신비로운 미소

골짜기가 깊어
붙여진 이름
곡성

숨가쁘게 내려오는 가을
한가로이 오르는 나

가벼워진 들판
날마다 자라는 번뇌도
목탁 소리에 몸 씻는 관음사

잃어버린 육신의 무게만큼
온화한 소조관음불*

불감 한 채 지어
모셔온 신비로운
백제의 미소

* 흙으로 빚어 만든 관음불상.

원각사의 봄날

해운대의 진산
그 너른 품에 안기면
새싹 같은 힘이 솟는다

짭조름한 바닷바람
장산을 감싸는 해무도
쉬어가는 관음사찰

연둣빛으로 번져가는
이른 아침
손끝에 숨죽인 찻잎들
뜨겁게 몸 비빌수록
달아오른 그대 가슴

간절함은 고요함으로
원각사의 어스름을 더듬는
차향

경전을 읽다

텃밭에 농사짓는 금강사 해성 스님
앉으나 서나 거름 없는 농사가 걱정

수소문한 깻묵 주인의
넉넉한 마음씨 모셔 온 날
묵정밭 일구는 괭이질도 신바람
그 신바람이 일으킨 밭이랑 속
작은 씨앗의 안부가 궁금하다

봄비 지나간 뒤
흥겨운 산새들 발자국 소리에
말갛게 얼굴 내민 새싹들

텃밭은 경전, 씨앗은 법문
노을을 등에 업은 스님의 울력
뉘엿뉘엿 봄을 건넌다

사천왕사지

남산과 마주 바라기하는 낭산
그 낮은 언덕
오색 비단 두른 휘장 속
띠로 만든 오방신장 모시고
十二 瑜珈僧과 함께 외웠다는
명랑 법사의 문두루 비법

개미 떼 같은 당나라 군사
바다를 건너기도 전
집채만 한 파도를 일으켜
적군을 수장시킨 신비한 呪文

하 수상한 이 시절
목 잘린 거북이 두 마리만
오도 가도 못하고 우두커니 앉아
빈터 지키고 있는 호국사찰
사천왕사지
오늘도 문두루 비법 하나로
확확 쓸어버릴 중생
많기도 하지

금강사金剛寺

부산의 진산 금정산 자락
부처님 진신사리 모신 이곳
천 마리 거북이, 만 마리 자라가
알을 품은 지형 금강사

금정산 수호 영신 고당 선랑
백화만발공양다례제
하늘거리는 꽃잎처럼
천의무봉의 나비 옷 입고
부처님 전 108 헌공다례
백화로 피어나는 봄

모난 마음 고스란히 내려놓고
사바세계 건너갈 때
色卽是空이 空卽是色
법문하는 부처님 웃음
벌써 쉰해, 세계로 법향 전하시는
금강사 회주 혜성 스님

사리암 가는 길

왕방울 같은 가로등 눈을 감는 중
시간의 등을 타고 산의 정수리에 앉는 중

이 길 오르며 마음 모으던 중
기도의 바람이 온몸으로 전해오던 중

목탁조 한 마리 벌써 독송 중
탁타르르 탁타르르

나무들은 참선 중
나는 포행 중

대원사 일주문

탯줄 같은 시오리 왕벚꽃길 따라
어머니 품속 같은 대원사

봉황이 알을 품은 듯
천봉산은 첩첩산중

일화문 들어서면 모두
연꽃으로 피어난 사람들

이마로 친 왕목탁에 아뜩해져
나만을 위한 삶도
잠시 내려놓은 붓다의 세계

나고 죽음
너와 나
둘이 아닌 하나

김교각 등신불

지장 신앙의 본산
중국 안휘성 구하산

胎가 묻힌 곳 아득하고
화성사 육신 보전에 모신 등신불

안락한 삶보다 구도자로
다시 태어난 신라 왕자

몸에 걸친 단벌 내어주고
땅속에 의지한 金地藏

지옥이 텅 빌 때까지
성불하지 않겠다는 지장보살의 화신
김교각 스님

영혼을 어루만지다

사물四物의 소리 귀에 쟁쟁할 때
절로 저절로 발걸음 옮깁니다

저녁 어스름에
산새들 날갯짓 바쁘고
일주문 지나 종루 앞
염주 알 굴리며 시간을 줍습니다

어둠 속을 날아 오르는
법고 운판 범종 목어 울음도
법문입니다

하나둘 허물 벗겨지는 영혼의 울림
가슴에 안고
가볍게 걸음짓 하는 길입니다

중봉 성파 종정예하

흐르는 물처럼
나뭇가지 흔드는 바람처럼
소란한 삶의 길

세상 살아낸 흔적 있어도
어둠 밝히는 등불처럼
인생길 나침반처럼
언제 어디서나
큰 바위
큰 산처럼
천지를 덮는 울창한 법의 그늘이
유장하게 흐르는 불법의 강물

눈매는 상현달
눈빛은 독수리
살아있는 붓다 계시는 곳
불보사찰 통도사

연등의 바다

밤낮없이 왱왱거리는 소리
초를 다투는 긴박한 신호

앞서거니 뒤서거니
신호음 울리며
질주하는 도로 위 곡예사

그처럼 바람의 까치발로
허공에 줄 타는 염원의 등

비상등 밝히는 부처님 오신 날
복을 구하는 수많은 난타

서운암 일기

금낭화에 날개 접는 나비같이
서운암 품에서 청한 하룻밤

밤새 봄비가 추적거려
추녀 끝 물고기도 뜬 눈으로 새운 밤

스님의 손끝에서 떨어지는 도량석에
부스스 눈을 뜬다

마음 쟁여 둔 번뇌 벗어 던지고
문살에 갇힌 독경 소리 듣는 아침

또 새날이 오고 있다

제2부

전서篆書에 홀리다

귀신에 홀려 쓴 神筆
기이하고 자유분방한 예술가
예송논쟁의 정수리에 섰다가
좌천된 삼척도호부사 허목
범람하는 오십천 달래려고
정라진에 세운 척주동해비
자연마저 감응시킨 예술의 영기

화강석 기단 위 烏石으로 세운 碑身
그 몸에 새겨진 미수전

살아 숨 쉬는 예술혼
거침없이 날아오르는 기백

달보드레하고 칼칼하고 짭짤하다

달콤하고 달짝지근하고 달보드레한 단맛
매콤하고 맵싸하고 알알하고 칼칼한 매운맛
짭짤하고 찝찝하고 간간한 짠맛
새콤하고 시큼하고 새척지근한 신맛
쌉쌀하고 씁쓰름하고 씁쓰레한 쓴맛
떨떠름하고 떠름하고 삽삽한 떫은맛
밍밍하고 개심심하고 삼삼한 싱거운 맛
비릿하고 비리척지근한 비린맛

달보드레하고 칼칼하고 짭짤하고
새척지근하고 씁쓰레하고 떨떠름하고
개심심하고 비리척지근한
인생 맛

경계에 눕다

신록이 들불처럼 번지던 오월
질긴 생사 줄다리기하던 며칠
팽팽한 육체, 지율 스님으로 누워

우주율에 이끌려 피안의 세계로
전입 신고하던 날
뒷모습 보여주지 않으려고
火口 속으로 숨어든 불나방
그 자리

철 이른 칼바람 지나가고
무겁고 고독했던 삶
육도윤회의 문을 지나
한 송이꽃으로 피어날
우담바라

그 손길은 떠나고

한겨울
행사처럼 갈아입던 내의
아랫목 이불 속에서 꺼내준 사랑

손 시리다고
잿불에 데운 작은 돌멩이
호주머니에서 살아난 손난로

발 언다고
아궁이 앞에 나란히 벌 서던 신발
탁탁 털어 신고 집 나서기 전
근심 털어내듯 옷솔이 된
까칠한 두 손바닥

아직
내 몸 구석구석 오도카니 얹혀있는
어머니의 손길

오래전 겨울

안도 바깥도 아닌 경계
매운바람마저 막아주던 문풍지
혼자 있는 밤엔 더 크게 울었다

바람의 큰손 지날 때마다
바스락거리던 가랑잎에
두 귀 쫑긋 세우던 그 날

밤새 내리던 하얀 눈 무게에
허리 꺾인 靑竹의 비명
귓속에 고였다가 흘렀다

잠들지 못한 그날 밤
고향 집에 내려앉던 그 목소리들
다시 불러오고 싶다

월악산 마애불

흩어진 천년 사직의
신라 공주

금강산 향하던 발걸음 돌려
월악산 송계 계곡 된비렁길 올라

곧추선 병풍바위 앞
가쁜 숨 몰아쉬며
벼른 상처의 끌로
날마다 새긴 망국의 恨
뜨거운 피돌기 끝나면
눈과 귀 차차 열릴 마애불
손꼽아 고대하는
덕주 공주의 염원

뚜껑별꽃

시님
시님
노시님
조침앉앙 뭐햄수가

이야!
이것 좀 보라
이 조근 것이
내 마음을 하영 흔들엄져

뚜껑별꽃

* 시님 : 스님
* 조침앉앙 뭐햄수가 : 쪼그리고 앉아 뭐하십니까
* 조근 : 작은
* 하영 흔들엄져 : 많이 흔든다

일출

차단기와 마주하듯
더 나아갈 수 없는
순간

열
아홉
여덟
일곱
여섯
다섯
넷
셋
둘
하나
제로

함성 속으로
기지개 켜는 햇살

아미까지 물드는
새해 첫날

잠녀, 나의 어머니

쪽물 들인 바다 밭 아래
몰아 쉰 깊은숨

헤매는 아득함
자맥질하던 젊은 날의 숨비소리

물 애기 혼자 두고 목숨 건 테왁
하루에도 수십 번 이승과 저승 오가며
이어도 사나 이어도 사나를 불렀을 시어머니

부풀어 오른 망사리 속
자식처럼 담긴 전복, 해삼
불턱가에 앉아 풀어놓는 바다 이야기

어머니의 어머니가 잠녀 아니라도
어머니의 양수 속에 숨 쉬던 열 달
우리는 모두 잠녀潛女의 후손

가자, 달빛 속으로

시누대 몸 부비는
내원암 오르는 길섶

훌쩍 큰 탑의 귀에
풍탁 사라진 지 오래

그 자리 소곤거리며
흐르는 은하수 물결

어둠 만지며
오솔길 지나
함께 가자

눈물 꽃이 열렸다

생의 난간에서 받아 마시는
고로쇠 같은 수액

허공을 바라보는 눈 속에
소금 바람이 키우던 남새밭
햇살에 잘 익은 장독대
어슴푸레 지나간다

지상의 마지막 둥근 밥상 차릴 때
가벼운 몸 위로 찾아온 검은 그림자
불빛에 빛나는 링거액의 머뭇거림

어무이 마 오늘 집으로 가입시더

큰아야 꽃길이 참 좋네

이승의 질긴 동아줄
한 생이 지고
잎새달에 피는 눈물 꽃

석빙고 아이스께끼

나는 1950년생
고향은 부산이라예

처음 만났던 그때
대소쿠리에 벌러덩 누워
낯 붉힌 적도 있어예

얼굴은 거무죽죽해도
억수로
부드럽고 달콤합니데이

부드러운 맛 탐하다가
무작정 한입 베어 물면
이 다치는 일도 생겨예

아부지 한입
어무이 한입
오빠야 한입
언니야 한입 베어 먹고
내게 건너오면 예
막대기에 쪼매 남은 점 하나

눈물방울 되데예

아직도 그 시린 맛
입안에 녹는 아픔입니더

낙동강 18공구의 하루

물길 따라
날개를 접고 펴던 새들

어제는 맑은 물속
오늘은 먼지 뿌연 뭍에서
휘저은 부리

손톱 빠진 저어새
발톱 빠진 도요새도
가슴팍까지 밀려온 두려움
붉게 토해낸 강바닥이 번득인다

강이 운다
낙동강 천삼백 리
상처 난 가슴을 부둥켜안고
꺼억꺼억 흐느낀다

춤추는 배롱나무

백일홍 얼굴 내미는 늦여름
선소리꾼 따라가던 꽃상여
내 눈 속에 서 있다

막걸리 두어 잔 쭈욱 들이키는 날
죽음을 예견하던 아버지

잠자듯 갈 것이다
꽃상여 타고 갈 것이다
노래했다

어머니도 배웅하지 못한 먼 길
잠자듯 떠나신 날

배롱나무 흐느끼듯 춤을 추었다

동백꽃과 차 한 잔

굳게 닫힌 마음의 문
부푼 햇살이 두드린다

맑은 산바람과
동백꽃 향기가 키운 푸른 혈액
두 손으로 받아 만나는 시간

입안에서 온몸으로
흐
르
는
차나무의 피

오탁악세에 물든 나
흔들어 깨우는 이른 아침
차 한 잔의 공양은
다선일미茶禪一味

찻잔 안에서 고요하다

불 위에 얹어 둔 무쇠솥
솔바람 이는 소리 듣는다

여린 몸이 풀어낸 향기로
맑은 벗을 모셔 와
두 손에 번진 따뜻함을 마신다

너울 같은 마음의 물결도
흥건히 흘러 다니는 소문도
찻잔 안에서 고요하다

오월, 눈꽃이 쌓인다

송이송이 피어난 눈꽃
제상에 오른 봉분 같은 메밥

모락모락 하늘로 오른 김 잦아들면
윤기 자르르 흐르는 그 밥
보기만 해도 침 고이던 입안

염치없이 꼬르륵거리던 배꼽시계
요리조리 정성으로 눌러가며 올리던
그 밥, 설토화雪土花 한 그릇

제3부

치자꽃 필 때

소낙비 두어 차례
마음 흠씬 두들기고 가면
내게 찾아온 우기
보고 싶다

밤하늘 피어난 샛별같이
눈동자에 그렁그렁 맺힌 하얀 꽃
고향에서 보내온 향기

한여름 내 마음에
뒹구는 불립문자
맑은 치자꽃 향기가 전하는
너의 안부

남해군 이동면 1485번지
– 낮에도 별이 떴다

난음리 비자림
울창한 그늘로 들어선다

시간의 나이테만큼
가위로 오려낸 알싸한 향기
저벅거리며 걸어 나온다

집안에 번지던 웃음소리
장독대 위 정화수 그릇
우물 속을 오르내리던 두레박
기억 속에만 오도카니 남았다

마음의 주름살 펴던
어머니 다듬이질 소리
멍석 짜던 아버지의 날랜 손
곳감처럼 꿰고 있던 집의 내력이
소리 없이 무너지던 날
내 눈 속에 뜬
수만 개의 별
별똥처럼 떨어졌다

아버지 모습

뒷짐 진 두 손은 옹달샘
그곳에 내려앉은 하늘과 먹구름
숨바꼭질한다.

때때로
생의 된바람 건너가면
바람의 발자국에 흔들리는
물결의 깊이 알 수 없다

그때마다 습관처럼
먼산바라기만 하던 퀭한 눈
활처럼 굽은 등을 보았다

그 모습
낡은 벽화 한 장으로
가슴에 새겼다

여강으로 가고 싶다
– 신륵사의 가을빛

봉미산 기슭 남한강 아래
야윈 물결 흐르고
은행나무 숨 고르는 가을

강월헌江月軒에 걸어둔 마음 맑아져
자연이 사람이고 사람도 자연이 되는
이 시간
어둠 스며드는 신륵사
종각 속에 매달린 목어 한 마리
여강으로 가고 싶어 쿨럭인다

소묘素描

북을 치듯 마음 두드려 놓고
쏜살같이 달려가는 소낙비
뒷모습 예사롭지 않다

바다를 떠돌던 소금 같은 생
다시 되돌아간 짙푸른 바다
하얀 물이랑이 운다

여름 가고 가을 와도
다시 만날 수 없는 너
무엇이 그토록 바빴을까
품었던 인연 송두리째
마음까지 띄워 보내야 하는
시간

정성을 빚다

하얗게 무리 지어 핀 불두화
멍석 위 이리저리 몸 식히는
지에밥 같아

모락모락 하늘로 오르던 김
훅훅 불면 달아오르던 얼굴

윤기 자르르 흐르던 밥
지아비 향한 정성 익어가던

술 항아리 속 밥알들의 옹알이
한창이다

봄에 부치는 편지

차가 고프다고
보낸 안부, 걸명소*

모래밭에 금가루 찾듯
실눈 불 밝히고

촉 촉 촉
백 촉을 보내온
지리산
산인

마시지 못하고
아직
듣고 있는 차향

* 다산(茶山) 정약용(丁若鏞, 1762~1836) 선생이 유배시절에 아암 선사(혜장:1772-1811)에게 茶를 보내주길 간절히 부탁하는 내용의 편지글

녹우당, 품에 안기다

마음 이끄는 대로

내맡긴 발걸음

자박자박 걸어가 닿은

해남윤씨 종가

바람이 한가롭게 대나무 숲 흔들 때

환생한 수많은 물고기 떼

입 모아 부르는

어부사시사

기억의 맛

장마전선이 북상하는 오늘
TV 화면이 소란하다

한여름 고향 집
작달비 곤두박질칠 때

여윈 낮달을 돌돌 말아
가지런하게 썰어 놓은
칼이 없는 칼국수

애호박은 서러운 반달로
고달픔 송송 썰은 풋고추
장마철
얼큰한 어머니의 손맛

시간의 골다공증

싹둑
잘라 먹고 던져둔 생고구마
구멍 숭숭 뚫린 몸

그곳
어긋나게 돋은 잎눈
럭비공이던 내 모습

그 잎
흔들리며 자랄 때마다
자라는 키만큼 가벼워졌을
어머니

그 몸에 된바람 일어
종종
홍수 지는 날 있었다

너만 알고 있지

영도 할매 구슬려
봉래산 자락을 자르고
용두산의 꼬리도 뭉텅 잘라
영도구와 중구를 이었다는 영도다리

살아서 꼭 살아서 만나자고
실낱같은 희망으로 약속하던 그날
돌아보지 말고 날래가라고
손짓하며 헤어지던 부모 형제

남쪽으로 남쪽으로 가
영도다리에서 만나자고
다리 난간에 펄럭이던 저마다의 사연
피난민의 웃음과 눈물이 피고 질 때

–당신 고향이 이래 어디메요
–내래 고향이 니북 피양이라요

잃어버린 고향의 슬픔 달래던 곳

마중

가슴 밭이
한 평이라도 넓어지면
꽃밭을 만들겠습니다

그 밭에 섬초롱꽃 가득 심어
어머니 오시는 길
꽃등 밝혀 마중 가겠습니다

분꽃

네가 노을을 향해
트럼펫을 부는 시간
항상 저녁밥을 짓는 어머니

모두가 잠든 밤
우레와 비바람이
혼을 관통할 때마다
흔들다가 흔들리다가
선 채로 꼬박 밤을 새웠다는
삶의 벼랑 끝

그때마다 삶의 모서리가
뭉텅뭉텅 잘려나간 자리
머루알 같은 씨앗
허공을 베고 누웠다

민들레의 마음

보름달 같은 얼굴
낮아져야 바라볼 수 있는

낯선 곳
어디라도 달려가 입맞춤하는

누구에게나
방그레 웃는

아홉 개의 덕을 품어
구덕초라 불리는
너

아흔여섯 개의 돌탑

거대한 거푸집 같은 땅속에
와르릉 무너져 내린
아흔여섯 개의 돌탑

꼬꾸라질 듯 굽은 허리
밭이랑 속에 묻고
마른날 없었던 삼베적삼

짐 될까
서둘러 떠나던 날
남들은 호상이라 웃지만
내 안의 버팀목 뽑히던 날

그 자리
큰 눈물샘 있었다는 걸
그날
처음 알았다

보리 익을 무렵

겨울 이겨낸
청보리 익어갈 무렵
선한 눈 속에 일렁거렸을
소들의 푸짐한 밥상

보리 싹둑
잘라 먹은 소와 겨루기
움켜쥔 쇠고삐가 팽팽하다

밝은 걸음으로
산등성이에 소 풀어놓고
한달음에 달려온 집

어둑어둑한 집안
어디에도 인기척이 없다
모두 어디로 갔을까

금정산은 박산 대향로다

웃비 급히 다녀간 뒤
산안개 피어오르는 금정산
향을 사르는 대향로이다

나무들은 오롯이
선향線香으로 마주 서서
향 공양을 한다

하늘거리며 오르는 향연香煙
갈기 세우고 달려드는 마음의 파도
다소곳이 잠재우는 법력이다

향 한 자루도 태우지 못하곤
까만 번뇌의 심지 끝에 통점을 놓으며
불을 당긴다

엄마 되니 알겠다

늦은 시간
귀가하지 않은 아이들

전화벨 울릴 때마다
내 귀는 당나귀 귀

또각또각 어둠 속 걸어오는
발걸음 소리 들릴 때마다

빈 가슴 홀로 쓸어내리며
걱정에 밤 지새던 마음

아무 일 없다는 듯
등불 같은 환한 웃음
엄마 되고 보니 알겠다

제4부

휘청거리다

삶이라는 실타래
그 끝을 잡고 따라나선 길

비 오고 큰바람 이는 날
어디 한두 번이었을까

비바람에 휘청거릴 때마다
발바닥에 돋아난 곧은 뿌리들

돌아보지 않으리
돌아가지 않으리

미지의 세계로
걸어가리
휠
휠

흑백 사진 속으로

무너진 돌담 옆
먹감나무 한 그루
뿌리 넓혀가는 소리 들렸다

솜병아리 같은 감꽃 주워
셈하며 만든 동생 목걸이
사진 속에서 빛난다

꽃 진 자리마다
속살 내어주고도
주렁주렁 매달던 풋감들

늦가을 돋을 볕 같은 홍시로 익어가던
다시 그리지 못할 풍경화

마음의 잔盞

곡우 전
말갛게 씻긴 바람이
꼬깃꼬깃 접었던 햇살을 펴는 시간

장죽에 잎담배 쟁이듯
옹송그리며 짙어가는 연둣빛

아홉 번 넘어지고
아홉 번 일어선 여린 찻잎
정성으로 모아

마음에 이는 불씨로
이야기를 달이는 시간
한가로움이 달다

어깨동무

아직
금수강산에 흐르는 어두운 빛

가끔
마른하늘에 천둥소리 쏘아 올리는 무례함

항상
매서운 눈초리로 겨누는 총부리

언제
어우렁더우렁 어깨동무 할까

한반도는 여전히 한겨울

애별리고愛別離苦

손아래 시누이 떠나보내고
찾아온 지독한 몸살

영혼 흩어진 뒤
항변하듯 한참 서성거리던 체온

이승과 저승
예측할 수 없는 거리
그 거리만큼 오가는 슬픔

몸 떠난 눈빛 다정한 말
마음속에 남았는데

액자 속 환한 웃음
눈부시게 아프다

보길도에 가다

앞서거니 뒤서거니
동백숲 속 동백꽃이 된 사람들

신선이 비워 둔 자리
위태롭게 오른 동천석실東天石室
북적거리는 손님 발자국

호사는 어디에 걸어두고
한 칸 석실
차 한 잔
내어 준 넉넉함

논두렁길을 달린다

욕심쟁이로 소문난 박 씨
산등성이에 돋을 볕 걸터앉기 전
달음박질로 뛰어나간 들판 위
어깨 숨소리 요란하다

활시위처럼 파낸 논두렁길
바람 아니면 걸을 수 없는 길
그 위를 나비처럼 날았다

동네 어귀에 들면
웅성거리는 사람들 쓴 소리도
그에겐 밥이다

그러나
밥심으로 살던 그도
한 생애 마침표가 있었다

처용랑*

귀신도 탐한 아름다운 여인
채우고 또 채우려는 마음만큼
두 사람 사이를 흐르는 큰 강

무엇이 그리운지 밤마다 서라벌을
걷다가 돌아와 열어본 방문
'다리가 넷이어라
둘은 내 것인데
둘은 누구의 것인고'*

살며시 방문 밀어놓고
아린 마음 풀어놓은 처용무에
감복한 역신

당신의 그림만 보아도
얼씬거리지 않겠다는 다짐 내려놓고
줄행랑친 역귀

* 동해 용왕의 일곱째 아들
* 처용가의 일부

십자성의 노래

그해 설날은 꽁꽁 얼어붙었다

분단국의 아들로 태어나
철조망 허리에 동여매고
꽃망울 채 떨어졌다

불끈불끈 솟아나던 꽃대
총알에 쓸리어 간
베트남 퀴논시

구원의 모스부호처럼
가족의 기도소리 환청으로 들려와도
돌아오지 못한 맹호부대 용사

끝내 우리들 가슴에 새겨 넣은
피 무덤 하나
돋아나지 않는 풀

곤연

자작나무 숲지나 오른 곳
열여섯 봉우리 층암이 품은 천지

두꺼운 얼음장 깨고
눈동자 하나만큼 수줍게
앞섶 내어준 백두산 천지

네 뜨거운 피 남으로 흘러
염원으로 피워낼 통일의 꽃
언제 오랴

포효하는 칼바람 속 두 무릎 꺾어
차가운 네 입술에 입술을 대이고
울었다

성城의 나라 고구려

어별교 건너
세웠다는 첫 도읍지

무릎이 코끝 스치며 오른
좁고 가파른 구백아흔아홉 개의 돌계단

철옹성 같은 천연의 요새 무너져
푸른 이끼만 키우는 오월

옛 영화 찾으려는 후예들의 눈빛
포로처럼 갇혀있는 졸본성

광야를 휘달리던 기상 흔적 없고
산마루서 바라본 빛 고운 비류천

나는 전리품처럼 낯선 땅에 서서
주섬주섬 담아온 건국신화

화마가 훑고 간 상처

잿빛 옷을 입었던 얼굴들
하나둘 살아난다

마음속에 가라앉았던 불안
눈을 부라리며 달려든다

잠들지 못하고 뒤척이며
칠흑 같은 밤을 떠다녔다

화마가 훑고 간 그날
내 삶은 헝클어진 실타래

흡입기로 내뱉는 수증기가
다른 눈물이었다

뽑지 못한 깊고 큰 옹이
단단한 뼈로 굳어 가끔
찌를 때 있다

시루떡

명절은 코앞
휙휙 나는 바쁜 손
묵은해 떠나보내는 섣달이 버겁다

동네에 퍼지는 떡메 소리
큰 살림 등짐 지고 사는
그녀의 가슴을 친다

시집살이 견디려고 꽁꽁 동여맨
갈라지면 물로 땜질하듯 다스린 마음
가마솥과 떡시루 사이의 시룻번*같았던 삶

떠난 뒤에 알겠다
삶의 고개마다 환한 웃음 뒤
먹구름 안고 살았다는 것

* 시루를 안칠 때에 시루와 솥 사이에서 김이 새지 않도록 바르는 반죽.

거미

근심을 비워내는 해우소 좁은 공간
맑은 눈빛으로 내 이마를 짚어보고
한참 서성거리다가
휘청휘청 떠날 준비를 한다

두 손으로
옹달샘 물을 퍼 옮기듯
숲으로 모신 거미 한 마리
시간을 건너온 시인이다

수 없이 펼쳤다 지웠을 보금자리
다시 허공과 허공 사이
자신의 연대기를 또박또박 쓰고 있는
시성詩聖

초대장

이른 아침 휴대폰 소리
잠결에 받은 안부 전화
하루 일정을 묻는다

숙모님께서 한턱내신다고 초대장을 보내왔네
… … .

서둘러 도착한 영가 앞
술 한 잔 올리고 두 손 모은다
성찬 앞에 모여든 피붙이들
거꾸로 셈하는 아흔여섯의 삶
연화문 속으로 굽은 허리 펴시고
누워서 혼자 왔던 길
천천히 혼자 누워 가신다
나는 눈물을 만지작거리고
관 위에 덩그렇게 놓인
분홍 신발 한 켤레만
처음 가는 길
상주처럼 따라간다

발문

정은하 시집
『달보드레하고 칼칼하고 짭짤하고』를 읽고
– 맛의 시학에서 낭송 명인으로

정영자
(문학평론가, 한국문인협회 고문)

현대예술의 사명은 작가의 창작혼을 어떻게 충분히 관객이나 독자들에게 전달할 수 있는가에 달려 있다. 효과적인 전달로 대중은 공감하며 환호하고 예술이 지향하는 인문학적 유연성에 젖게 된다. 그러므로 창작을 기본으로 춤과 노래, 영화와 연극, 치유 차원의 시 낭송 붐이 일어나고 있다. 대중을 향한 매체의 다양성에 주목하기 시작한 것이다.

남해 출신인 정은하 시인은 경상도 억양의, 그것도 남해 특유의 지방 언어 '오시다, 가시다, 드시다'의 일상어를 사용하는 사람이다. 그런 그가 오랫동안 〈시 낭송〉 강사로서 발음과 고저장단의 음색을 연구하는 지도자로 성공하고 있다.

2001년 《한맥문학》 여름호에 시인으로 데뷔하여 시인으로, 시 낭송가로서 활발한 창작활동을 해왔다. 2000년 7월 29일 대전일보사 주최 제5회 전국시낭송대회에서 은상을 받으며 시작된 그의 시 낭송 분야의 활약은 화려하다.

2008년 제3회 한국시낭송상, 2019년 제1회 영축시낭송상을 수상하며 2008년부터 (사)부산여성문학인협회의 물소리 시극단의 창단 멤버로 시극 〈연오랑과 세오녀〉, 〈헌화가〉, 〈나혜석을 만나다〉, 〈다산, 추사, 초의 찻잔을 마주하다〉, 〈부산의 고대시인을 만나다〉, 〈불꽃같이 살다간 김춘방 시인의 초현실주의 시학〉, 〈훈민정음과 신미대사〉, 〈만해 한용운과 통도사〉 등에 주인공 혹은 연출가로서 역할을 담당하였고 다큐멘터리 〈부산을 살다간 시인들〉, 〈고산 윤선도의 시와 시대정신의 발자취를 찾아서〉에서는 네레이션으로 활약하며 시 낭송을 심화, 확대시켜 물소리 시극단의 발전에 공헌하였다.

데뷔 20년이 넘어 그가 첫 시집『달보드레하고 칼칼하고 짭짤하고』를 낸다고 한다. 두 번째 시집『휴머노이드가 오고 있다』도 함께 발간한다. 너무 늦었지만 치열한 그의 생활에 격려를 보내며 그를 옆에서 지켜본 사람으로서 군말을 보태고자 한다.

그의 화려한 시 낭송 대가로서의 면모는 이미 소리와 몸짓으로 시의 품위와 깊이를 발효시킨 낭송 명인이라고 할 수 있다. 시극에서 그는 어떤 역할이든 충분히 그 소임을 발휘하여 그만이 가지는 독특한 사명감이 돋보인다. 그의 시는 독실한 불교 신자로서 불교적인 내용이 많고 차 문화생활 속에 이루어진 사유와 성찰, 고향과 가족에 대한 회

상과 직설적인 수사형식이 대부분이다.

달콤하고 달짝지근하고 달보드레한 단맛
매콤하고 맵싸하고 알알하고 칼칼한 매운맛
짭짤하고 찝찝하고 간간한 짠맛
새콤하고 시큼하고 새척지근한 신맛
쌉쌀하고 씁쓰름하고 씁쓰레한 쓴맛
떨떠름하고 떠름하고 삽삽한 떫은맛
밍밍하고 개심심하고 삼삼한 싱거운 맛
비릿하고 비리척지근한 비린맛

달보드레하고 칼칼하고 짭짤하고
새척지근하고 씁쓰레하고 떨떠름하고
개심심하고 비리척지근한
인생 맛

–「달보드레하고 칼칼하고 짭짤하다」 전문

위의 시는 우리나라의 다양한 맛을 노래하고 있다. '달보드레'는 달달하고 부드럽다는 우리말이다. '칼칼하다'는 매큼한 맛이 맛을 돋게하고 '짭잘하고'는 짜운 맛이 깔린 확실한 맛이다. "달보드레하고 칼칼하고 짭짤하다"는 달달하고 부드러우면서도 매큼한 맛으로, 톡 쏘며 짠맛이 엷게 깔려 있는 맛의 총체를 의미한다. 때문에 맛의 의미는 인간 살아감의 삶의 형태를 포괄적으로도 의미하는 정신세계와도 닿아 있다.

새척지근한 땀 냄새나 맛이 조금 비린 비리척지근한 맛, 아무것도 첨가하지 않은 수분 가득한 밍밍함, 달고 짠, 맛있고 자극적인 음식이 넘치는 시대에 밍밍함이 매력이기도 하다. 떨떠름하다는 과일이 아직 다 익지 않은 맛이지만 마음이 내키지 않는 데가 있음을 뜻하는 '기분이 떨떠름하다'라는 표현도 있다. 삽삽하다가 매끄럽지 아니하고 껄껄하여 맛이 매우 떫다는 것처럼 말이나 글이 분명하지 못하여 이해하기 어려 울 때 사용한다.

시인이 표현한 다양한 맛의 특성은 인생 자체의 쓰고 단 굴곡의 정신적 스트레스를 안고 있다. 따라서 음식의 맛이 곧 인생의 맛으로 성립되는 이중적인 수사법을 구사하고 있다.

인간의 오감 가운데 미각은 '가장 사교적인 감각'이다. 남과 친해지는 가장 좋은 방법은 음식을 함께 나누는 것이기 때문이다. 산해진미의 진가도 맛을 아는 데서 비롯되는 것처럼 미각이 만족 되지 못하면 완벽한 행복이 없다는 말이 있을 정도로 인간의 오감 중 미각은 인간의 삶을 가장 즐겁게 한다.

우리가 느낄 수 있는 맛은 여러 가지다. 대체로 사람은 최대 200가지의 복합적인 맛을 구별할 수 있다고 한다. 그러나 혀가 받아들일 수 있는 순수한 맛에는 단맛, 신맛, 쓴맛, 짠맛, 매운맛의 5가지로 알려져 있다.

매운맛이나 떫은맛은 순수한 맛 이외에 촉감이나 통감이 섞인 감각으로 혀가 순수하게 느끼는 맛은 아니다. 다양한 맛의 즐거움이 있지만 결국 인생의 오감을 넘는 다양한 삶의 양상도 미각에 준하는 굴곡의 의미를 포함한다는 시인의 발효된 식감과 인생의 맛을 동시에 표현하고 있다. 한글이기에 가능한 표현이리라

흐르는 물처럼
나뭇가지 흔드는 바람처럼
소란한 삶의 길

세상 살아낸 흔적 있어도
어둠 밝히는 등불처럼
인생길 나침반처럼
언제 어디서나
큰 바위
큰 산처럼
천지를 덮는 울창한 법의 그늘이
유장하게 흐르는 불법의 강물

눈매는 상현달
눈빛은 독수리
살아있는 붓다 계시는 곳
불보사찰 통도사

—「중봉 성파 종정 예하」 전문

종정예하 성파대종사에 대한 경외와 무한한 신뢰를 보

여주는 예찬시이다. 그동안 문인들의 종정 예하에 대한 많은 찬시가 있었지만 등불처럼, 나침반처럼 삶의 어둡고 불안한 길의 안내자로서 유장한 불법의 강물과 함께 예하의 눈매와 눈빛에 대하여는 감히 노래하지 못했는데 정시인은 용감하다. '살아있는 붓다 계시는 곳'이라고 통도사를 직시하고 있다.

"누가 조국의 전통문화를 묻거든, 고개를 들어 영축을 보게 하라", 는 내용으로 예하의 전통문화와 불교 전파의 역할을 읊은 것으로 대중과 가장 가까운 문화로 접근하고 이해시키는 우리 시대의 위대한 보살로 이름할 수 있기에, 통도사의 큰 어른 스님을 예찬한 것이라고 생각한다.

불 위에 얹어 둔 무쇠솥
솔바람 이는 소리 듣는다

여린 몸이 풀어낸 향기로
맑은 벗을 모셔 와
두 손에 번진 따뜻함을 마신다

너울 같은 마음의 물결도
홍건히 흘러 다니는 소문도
찻잔 안에서 고요하다

—「찻잔 안에서 고요하다」 전문

차 마시는 일을 '진하고, 달고, 적당히 뜨겁고, 무거운 이슬을, 혀끝에 한 방울씩 떨어뜨려 맛보는 것은 한가한 사람만이 누리는 운사韻事요 소통이다. 쌉쌀하고 뭉근하고 향기롭고 묵직한 茶의 세계, 열기와 손맛, 시간과 공이 스며든 생차, 뜯고 덖고 비벼 만든 쌉싸래한 녹차, 덖음과 유념을 거친 생차는 고소하고 쌉싸래한 맛과 신선한 향을 모두 갖고 있다. 때문에 찻잔의 고요는 세상 풍파를 다 견디고 언덕에 도달하여 모든 것 내려놓고 깨달음에 이른 자들이 즐길 수 있는 시공간이다.

소낙비 두어 차례
마음 흠씬 두들기고 가면
내게 찾아온 우기
보고 싶다

밤하늘 피어난 샛별같이
눈동자에 그렁그렁 맺힌 하얀 꽃
고향에서 보내온 향기,
한여름 내 마음에
뒹구는 불립문자

맑은 치자 향기가 전하는
너의 안부,
세상을 씻긴다

—「치자꽃 필 때」 전문

남해는 세 가지 열매 유자, 비자, 치자가 유명하다. 집에 유자나무 한 그루 심으면 수확된 유자를 따서 아들딸 대학 공부시킨 사례들이 지금도 회자되고 있는데, 우리나라에서 교육열이 가장 높은 곳이 남해라고 알려져 있다. 치자꽃 피는 여름날의 초록 잎에 대조되는 하얀 치자꽃 향기가 전하는 안부는 세상을 씻기는 순수하고 청결한 씻김 의식이다. 치자꽃을 보며 고향을 그리는 시인의 순수무구한 정신을 읽을 수 있다.

늦게 발간한 시집을 기쁘게 읽으며 몇 마디 소회를 밝힌다.